MACABROS

Edited and published by João Pedro Leal.

Razão Social: João Pedro Leal de Sousa

@jotape.leal

Revisão - Diagramação - Capa:

D422

João Pedro. Macabros - São João dos Patos-MA,
Brasil, 2023. 3ª edição, 120 pags.
ISBN: 9786588240106

1.Terror, 2. Mistério
3. Suspense 4.Medo , 6. Tensão

Prezado leitor,

As histórias apresentadas nesta obra são inteiramente originais e escritas pelo próprio autor.

O livro é uma junção de contos escritos ao longo dos anos, reunidos em uma única obra e divididos em dois textos.

O objetivo do autor é conceder ao leitor uma experiência nova com os gêneros de: terror, suspense e mistério. Sendo esta obra inspirada nas famosas estórias de terror norte-americanas.

"Macabros – Contos de Horror é uma leitura leve, que instiga o sentimento de tensão e medo." – Maria Clara

Sumário

Nenhuma entrada de sumário foi encontrada.

HALÉM-CIRCUS

Parte I

A estrutura de cores desbotadas foi erguida numa clareira entre as árvores, localizando-se em uma área afastada da cidade. Ninguém nunca tinha visto tal circo, nem mesmo ouvido falar em seu nome, ninguém da cidade sabia dizer quando ele foi montado e por quem, o circo ostentava em uma lona seu nome: “O HALÉM-CIRCUS”

Passaram-se alguns dias, e o mesmo continuava fechado, não haviam informado previsão de abertura, nem mesmo um único anúncio ou panfleto.

Em uma noite, alguns moradores que viviam próximos a floresta, ligaram várias vezes a delegacia, alegando terem escutado gritos e risadas que vinham das árvores.

Devido ao grande número de reclamações, a polícia decidiu mandar alguns policiais para darem uma olhada nos locais.

Na manhã seguinte, a polícia foi novamente chamada. Desta vez, para dar início à busca de uma criança que havia desaparecido.

A família foi ouvida pelos policiais, e afirmaram que a criança havia sido sequestrada, mas não souberam descrever, quem havia feito.

Vasculhando a região, com a ajuda de voluntários, a polícia não encontrou nenhum paradeiro, este foi o primeiro caso de desaparecimento na cidade desde o século anterior.

Na caída da noite, a criança desaparecida, que havia sumido sem deixar rastro algum, deixava os moradores aflitos.

A pequena comunidade decidiu que seria melhor não deixar nenhuma criança sozinha, ainda mais perto da região do Halém-circus.

Era uma noite gélida e escura na floresta, quando o Halém-Circus abrira. A pipoca estava quente, o algodão doce, cachorro-quente e a bilheteira estavam abertos. A música ecoava na floresta, mas ninguém foi ao picadeiro naquela noite. Até que em uma manhã de sábado um carro de vidros escuros anunciava calorosamente:

"O incrível Halém-Circus”

As buscas continuavam pela criança desaparecida, e a noite, o picadeiro estava pronto para seu espetáculo. Para a juventude, o circo era local de diversão, principalmente pelo motivo dele está no meio da floresta, longe de qualquer pai ou mãe. Todos os jovens e adultos que foram ao circo, não achavam nem um pouco estranho todos os funcionários do Halém-circus serem palhaços. Na bilheteria, a fila era imensa, parecia um circo comum. A noite passou e tudo ocorreu normalmente.

Na manhã de domingo, a floresta estava em silêncio. A cidade era pacata e não acontecia muita coisa. Perto de onde estava o Halém-Circus, outro desaparecimento aconteceu na manhã seguinte, desta vez, nenhuma criança, ou mesmo humano, mas sim um cavalo, que havia sumido de uma fazenda, também sem deixar rastro algum.

João, um garoto de 15 anos estava aborrecido com seus pais, que havia o prometido levar a inauguração do circo que aconteceriam daquela noite, mas seus pais decidiram que não iriam a lugar algum antes de encontrar o cavalo.

Decidindo ir ao circo, ele decidiu que iria encontrar o animal por conta própria, se aprontou com uma corda extensa e gasta, em seguida caminhou com passos tortos em direção a floresta.

À medida que se aprofundava na floresta, ele poderia jurar que escutava risos e sons distantes, alguns se comparavam ao choro de uma criança.

João atravessou uma boa parte da floresta, até que o som de um galho se partindo atraiu a atenção dele, que olhou para trás, girando-se em busca do que havia partido o galho – Não tem graça. – o garoto berrou, com esperança de que algo se revelasse, mas a quietude o fez engolir em seco, sem pensar duas vezes, voltou a procurar pelo cavalo.

Não demorou para que a sensação de estar sendo observado o fizesse parar de se mover, olhou para trás, desejando encontrar seu perseguidor — Quem está ai? — Ele berrou agora o pavor era evidente em sua voz.

Não avistou nada além de arvores, João engoliu em seco antes de voltar a se mover, agora com passos acelerados, torcendo para que a sensação se distanciasse.

João parou novamente, dessa vez disposto a confrontar seja lá quem — ou que — estivesse o perseguindo. Refez o trajeto em direção as arvores.

Um forte vento soprou, agitando a copa das arvores, o vento trouxe consigo um cheiro estranho, similar ao de sangue.

Sem pensar duas vezes, João começou a correr, afastando-se cada vez mais de seu perseguidor.

Não muito longe dali um grupo de ciclistas pedalam em uma trilha na floresta, eles ouviram o grito agudo e distante da floresta.

A princípio, imaginaram ser uma brincadeira de algumas crianças, já que não era a primeira vez que escutavam sons naquela área.

O grito voltou a acontecer dessa vez, com mais força, antes de cessar por completo.

— Tem alguém aí? — Uma mulher perguntou, desceu de sua bicicleta e tomou rumo à floresta.

Seus companheiros de pedalada a imitaram, deixando suas bicicletas cair no chão.

Os gritos haviam cessado, mas o grupo caminhava com lentidão, acreditando ser outra brincadeira.

Todos pararam de se mover quando uma gargalhada distante, que parecia vir de ambos os lados da floresta os fez desistir — Eu sabia que era uma brincadeira. — Um homem se queixou. — Essas crianças deveriam estar em casa. Não são nem oito da manhã!

Sons de choro espalharam-se em meio à gargalhada, trazendo tensão a cada um dos oito membros do grupo — Isso não está certo. —A mulher falou. — Temos que fazer. — Ela se calou quando uma corda caiu do topo de uma arvore, assustando aos oito. — Vamos embora daqui. — O homem falou. — Estou cansado de. — O restante da corda continuou a cair, sua ponta estava encharcada de sangue.

A gargalhada voltou a acontecer dessa vez arrepiando cada um dos oito, pela proximidade em que se encontrava, a gargalhada parecia vir de um dos membros do grupo.

Mas todos estavam próximos o bastante, trocaram alguns olhares antes de desviar a atenção para o topo das arvores.

Uma forte ventania derrubou algumas folhas e galhos, assustando-os ainda mais.

O grupo saiu da floresta o mais rápido possível, comunicaram à polícia que outro desaparecimento havia acontecido.

A polícia novamente saiu à procura de uma criança desaparecida, dessa vez, levaram um tempo para encontrar os pais do garoto, que confirmaram o seu sumiço.

As buscas iniciaram-se ao entardecer, reunindo mais voluntários do que a vez anterior.

Eram quatro grupos de oito pessoas, que caminhavam pela floresta em busca de João, levavam consigo rádios portáteis e lanternas.

Berravam o nome do garoto, o quatro grupo, era composto por seu irmão mais velho, seu pai e seu avó. Estavam próximos da fazenda, refazendo o caminho de volta quando passaram a ouvir sons estranhos vindo das arvores. Barulhos de galhos se quebrando, um murmuro baixo. — João. — Seu irmão berrou, tentava disfarçar o medo — Aparece logo seu merda!

O som de um galho quebrando-se atraiu a luz da lanterna de seu avô, que encontrou a figura do cavalo.

Naquela mesma noite, o Halém-circus teve sua grande inauguração, atraindo centenas de moradores para assistir ao que seria um verdadeiro espetáculo.

Parte II

A busca por João não dava resultado algum, mesmo com o auxílio de cães farejadores rondando a região.

Mas a presença de policiais não atrapalhava o movimento do Halém-Circus, que noite após noite, atraia mais pessoas para o espetáculo.

Numa certa manhã, num grupo de cinco adolescentes organizaram um piquenique na floresta. O grupo seguia na trilha em busca de uma clareira, no trajeto, eles se divertiam com piadas e histórias sobre o circo.

Algo que cessou quando encontraram uma coisa, que era no mínimo incomum.

Em um arvore cujos troncos estavam secos, havia um rosto de um palhaço desenhado contra o tronco, estava pintado de vermelho, com uma coisa que os adolescentes deduziram ser sangue.

Observavam o desenho com atenção, quando um riso distante atraiu a atenção de todos eles, que olhavam de um lado a outro, acreditando que outras pessoas estavam lhes pregando uma peça.

Demorou para que cedessem ao medo e resolvessem correr para longe da floresta, algo que não se mostrou possível devido o fim da trilha.

O som continuava a se aproximar, sem pensar muito, eles resolveram correr floresta adentro, afastando-se cada vez mais da arvore manchada de sangue.

Centenas de metros à frente, quando nenhum deles tinha fôlego, sentiram alivio ao chegar em frente ao circo, imaginando que estariam salvos daquele tormento.

Os cincos tomaram rumo à parte de dentro do circo, mas o local estava totalmente silencioso, e o som voltou a soar mais alto, fazendo-os correr para fora dali e correr para a estrada que dava acesso a cidade.

No mesmo local onde os adolescentes haviam visto o desenho na árvore, um caçador que passava por perto, chegou ali ao ouvir o barulho das risadas.

O homem chegou com furtividade atrás de uma silhueta colorida que estava de trás de uma arvore e o observava com cautela — Você ouviu as risadas? — O caçador indagou, a resposta veio por meio de uma gargalhada, que fez o caçador tombar para frente de tão aguda.

Os cinco adolescentes que caminhavam na estrada, ouviram o som do disparo e deixaram de se mover, questionando se deveriam voltar para a floresta.

Instantes depois um grito alto ecoou na floresta. Os jovens não hesitaram em voltar a correr, se afastando cada vez mais da floresta, entrando no primeiro terreno que encontraram, indo em direção a uma fazenda com grandes milharais.

Conversando entre si, decidiram que não iriam se arriscar a entrar naquela fazenda, que parecia estar abandonada.

Junto à decisão, voltaram a escutar o som da gargalhada, dessa vez, vindo dos milharais.

Outra vez, eles correram para a estrada, dessa vez, não deixando de se mover até que chegassem à região urbana, onde atraíram a atenção dos moradores com o pavor que demonstravam.

Mesmo contanto sobre o desenho sobre a arvore seca os moradores não deram atenção alguma a eles, que por sorte, lembraram-se do disparo, que convenceu as pessoas de que algo estava acontecendo.

Afinal, o único caçador da área, era o ex-xerife, que definitivamente, não perderia seu tempo assustando um bando de garotos.

Um carro de vidros escuros passou lentamente na rua, anunciando que o Halém-Circus estava vendendo ingressos pela metade do preço no mesmo veículo, que foi cercado pelas pessoas.

Mesmo que boa parte das pessoas já tivesse visto o espetáculo, eles continuavam a sentir vontade de voltar ao lugar. Cada vez mais pessoas iam em direção do veículo, fazendo com que as pessoas deixassem de dar atenção aos adolescentes.

Naquela noite circo fez seu espetáculo como todas as outras noites, e na manhã seguinte a polícia foi chamada pelo mesmo grupo de ciclistas, que encontraram a espingarda do caçador e mais arvores manchadas com sangue.

Os cincos adolescentes se reuniram na calçada de uma loja de artigos para viagem, entre a conversa secreta em cochichos, eles não pensavam em mais nada a não ser nos gritos e risadas que ouviram na tarde anterior.

Pedro era o mais temperamental e afirmava que tudo não passava de uma brincadeira de mau gosto. Os outros quatro não concordavam com esse argumento.

Pedro quis provar que estava certo, e convidou os amigos para que voltassem à floresta para tirar a prova de que tudo era uma brincadeira.

De imediato os outros disseram não, e de sobressalto, Bruno lembrou-lhes de uma velha lenda contada pelos moradores mais velhos, uma história absurda de que na floresta haviam trols... Nenhum deles acreditava na história de

Bruno, o supersticioso. As três meninas, Ana, Vitória e Maria pensaram bem, mas foram persuadidas pela ideia de Pedro.

Marcando o local de encontro, o grupo caminhou por alguns minutos, até chegarem à trilha que foram no dia anterior, param por um momento, trocaram olhares, e Pedro foi à frente seguido pelos outros. O vento era o único barulho que eles ouviam dentro da floresta, que em silêncio parecia tentar avisar a eles algo que iria acontecer.

Depois de alguns minutos, Maria desistiu de continuar, já que até ali não encontravam nada de suspeito.

Vitória prontamente concordou, mas Pedro ainda insistia na sua ideia, ele tentou convencê-las, mas naquele instante já era tarde. Ana gritou alto, e todos olharam, havia um palhaço que os observavam alguns metros de distancia — Quem é você? — Pedro perguntou, tentava disfarçar o pavor em sua voz, o palhaço os observava com um sorriso no rosto, que àquela altura, havia se tornado assustador.

O palhaço estava com as mãos para trás, e lentamente revelava o que trazia em uma de suas mãos, era um desenho igual ao do tronco da arvore.

Ele fez sinal de silêncio para os jovens, mas de nada adiantou, os cinco gritaram e correram para longe do local. O palhaço os seguiu por entre as árvores, apavorando-os com um sorriso.

Bruno corria mais que os outros, e de inesperado outro palhaço apareceu a sua frente e desta vez segurando uma faca pontiaguda.

O pavor o fez sair da trilha, afastando-se de seus amigos, que sentiram alivio ao perceber que os palhaços desviaram a atenção para ele.

Os dois palhaços agora riam juntos, aumentando o desespero de Bruno, que se esforçava ao máximo para se afastar dos seres, Bruno resolveu se esconder de trás de uma arvore, percebia que os seres estavam se aproximando cada vez mais através do som.

Ele olhou de um lado ao outro, desesperando-se ainda mais ao perceber que um terceiro palhaço se aproximava pela frente, tomou impulso e correu, passando pelos dois palhaços que o cercavam.

Se esforçando ao máximo, ele retornou a trilha, vendo a figura distante de seus amigos, que corriam juntos

—Pessoal? — ele berrou, atraindo a atenção de Ana, que parou de se mover, os outros três a imitaram.

Um quarto palhaço se revelou a frente do grupo, este segurava um pedaço de maneira em sua mão esquerda, na direita, algo escorria por entre seus dedos.

Os jovens não hesitaram em seguir Bruno para o outro lado da floresta, onde eles se reuniram, correram por alguns metros antes de resolverem se esconder atrás das arvores, certos de que haviam despistado aquelas pessoas.

— Eu estou vendo vocês. — A voz de um homem soou alta — Eu sei onde estão!

Bruno e Maria prenderam a respiração, Pedro tinha lagrimas em seus olhos. Bruno juntou a pouca coragem que tinha e atreveu-se a responder palhaço.

— O que vocês querem com a gente?

— Nada demais. — A voz de uma mulher respondeu em seguida os risos passaram a incomodá-los

— Então porque está fazendo isso?

— Nós gostamos de brincar. — A mulher os respondeu — Vocês não gostam de brincar?

— Não. — Pedro berrou, tentando controlar suas palavras.

— Então lhe faremos uma pergunta. — A voz de um homem ecoou, parecia ter fúria

— Qual a pergunta? -Disse Bruno, na esperança de sair logo dali.

— Vocês querem sorrir?

— Não! — Vitoria berrou — Isso não é engraçado!

Mais risos voltaram a atormentá-los, dessa vez, os cinco palhaços revelaram-se de vez, todos eles sorriam, o pescoço estava levemente inclinado.

— É uma pena. — Um dos palhaços falou — Porque nessa noite, vocês vão morrer de alegria!

Parte III

Na manhã seguinte, os policiais deram origem a uma nova busca, desta vez, procurando pelos cinco adolescentes desaparecidos.

Devido ao grande número de envolvidos, que passou da casa das centenas, ficou decidido que aquele dia seria uma folga para a cidade inteira, pois boa parte da modesta população estava envolvida nas buscas.

Já era noite, quando um grupo de policiais encontrou uma trilha de sangue, que se dividia em cinco partes, mas todas as trilhas acabavam misteriosamente no mesmo lugar.

Não demorou para que alguém tivesse a ideia de subir em uma dar arvores para conferir o esboço que o sangue formava. — Halém-Circus. — O garoto berrou. — Está escrito Halém-circus. — As pessoas sentiram seus pelos arrepiar.

Um dos policiais decidiu que deveria subir na mesma arvore para tirar a prova, este, viu o rosto de um palhaço.

— É um desenho. — O policial falou. — é um palhaço. — Não demorou para que as pessoas começassem um burburinho, O Halém-Circus ficava a alguns quilômetros dali, ainda assim, todo o grupo fez questão de ir até o lugar.

O proprietário do circo fora chamado para prestar um depoimento informal ao lado de fora do circo, um homem alto, vestido com um terno branco, com algumas manchas vermelhas, além de uma tinta roxa.

O xerife perguntou-lhe se ele e seus empregados haviam adentrado na floresta, foi negado pelo homem, que balançou a cabeça negativamente.

Ainda assim, o policial fez questão de chamar toda suas trupes, para o lado de fora, todos os funcionários estavam com seus corpos pintados, com exceção de uma mulher, esta usava uma máscara branca. Depois de muitas perguntas, o xerife decidiu que era hora de liberar o proprietário e seus funcionários, deixando explicito que naquela noite, o Halém-circus não iria se apresentar.

Pelo contrário do que todos imaginavam, o proprietário e seus funcionários concordaram em silencio, trazendo certo desconforto aos policiais.

A insistência da coisa, o xerife então revogou sua decisão. O palhaço soltou uma gargalhada que a delegacia inteira ouviu, o xerife ria junto como uma sintonia proposital, sem saber do erro que cometia. Dalí o palhaço entrou em seu carro de vidros escuros e partiu rumo à floresta.

Na manhã do dia seguinte, Alan, um morador e fotografo amador, que gastava as horas vagas de seu dia tirando fotos da floresta, especificamente dos casais humanos e pássaros silvestres que conseguia encontrar.

Naquela tarde o homem foi conferir se o equipamento que havia espalhado pela floresta teria capturado algum dos muitos casais de jovens que se arriscavam a obter prazer naquela floresta.

Depois de uma hora, Alan voltou à cidade e chegando a casa, assistiu às fitas que havia registrado. Naquele momento viu algo estranho no vídeo da câmera seis. Nas imagens de vídeo, a copa das arvores se agitavam de maneira intensa. Em um deles, ele poderia jurar que viu um corpo caindo de uma dar arvore, mas não encontrara nada ao retornar ao lugar.

Imediatamente, ele se sentiu ameaçado, e se reuniu com Trevor, seu amigo e vizinho, imediatamente, os dois chegaram à conclusão de que a polícia local deveria ter acesso ao vídeo.

Já ao fim tarde na cidade, os começaram a se espalhar, diziam que Alan havia registrado o culpado pelos desaparecimentos.

Não demorou nada para que história fosse distorcida, colocando a culpa nos funcionários do Halém-circus, muitos dos moradores locais afirmavam que os forasteiros eram assassinos, dando início a uma lenda que duraria por várias décadas, até que os crimes fossem todos selecionados por acaso.

À noite, cerca trinta moradores se reuniram na taberna perto da floresta. Lá discutiram o que irão fazer com o circo, chegando à conclusão de que deveriam expulsa-los da cidade.

— Mas isso não vai ser o bastante. — um homem comentou, estava tão bêbado que não sabia mais o que estava em jogo. — Temos que fazê-los pagar!

Regados a ódio e álcool, o pequeno grupo caminhou pelas ruas, dando início a uma multidão furiosa, que chegou à frente do Harlem-Circus por volta das nove e meia da noite. Alguns moradores estavam armados com pás e pedaços de madeira. Outros seguravam seus rifles de caça, pretendendo os membros Halém-Circus.

Alguns moradores haviam se locomovido ao local com seus veículos, dando início a uma onda de buzinadas quando chegaram ao local.

O circo se apresentava para meia dúzia de pessoas, quando fora invadido pela multidão de pessoas, que deu fim no espetáculo.

— O que está acontecendo aqui? — O proprietário protestou. — Vocês não podem entrar assim!

— Vão embora daqui. — Um homem berrou. — Vocês estão causando toda a desgraça para essa cidade!

Os funcionários do circo deixaram de se apresentar, reunindo atrás de seu patrão, diziam palavras baixas e confusas, perguntando ao proprietário se deveriam guardar suas coisas

O fotógrafo se aproximou com lentidão, este, tão bêbado quando os homens que haviam desistido na metade do caminho

— Incendeiem o circo. — Ele berrou a multidão, enlouquecida e com a adrenalina não passou duas vezes antes de esvaziarem o circo, forçando seus funcionários a continuar dentro da enorme tenda.

Em poucos minutos, as tendas estavam com gasolina em seu redor, um fósforo foi entregue a Alan, que o riscou contra a caixa e o arremessou contra a grande tenda, que segundo depois, foi coberta pelas chamas.

—Paguem por tudo que fizeram. — Alan berrou — Paguem por. — Ele engoliu em seco. — Matar nossas crianças!

Sons de berros saíram da tenda, os moradores passaram a atirar contra a lona, percebendo que os funcionários tentavam sair.

— Morram. — Uma mulher berrou esta era mãe de um dos desaparecidos.

Quando os gritos cessaram e o circo ainda chamas começou a despencar, os primeiros moradores começaram a abandonar o local, crentes de que haviam agido da maneira errada ao fazer justiça com as próprias mãos.

Parte IV

Na manhã seguinte, o fotógrafo e seus seguidores voltaram à clareira, não por conta própria, mas porque a polícia local estava reunindo os envolvidos no incêndio criminoso, que havia deixado doze vítimas no total.

Naquela mesma semana, os moradores da pequena cidade decidiram que qualquer circo estaria proibido de entrar na cidade.

Em uma tarde qualquer, quando uma garota de cabelos negros caminhava junto a seus irmãos, estes louros.

Um morador a viu parar em frente aos restos do circo, ela o encarou com um sorriso no rosto antes de sorrir para o homem, então voltou a andar.

Cativado pela atitude da garota, ele resolveu parar no mesmo trecho, olhou para os restos do circo, tendo sua atenção do por um sorriso que veio da floresta.

Ele olhou para trás e viu a figura da garota, se afastando cada vez mais, ignorando o som que estava vindo da floresta.

O morador fez menção de continuar sua caminhada, mas a curiosidade o fez adentrar na floresta, agora com passos lentos, certo de que não deveria estar fazendo aquilo.

— Quem está aí? — Ele disse enquanto se aprofundava na floresta, o riso cessou, dando origem a batidas de palmas, que atraíram o homem até o centro da floresta.

Onde ele encontrou o cadáver de todos os desaparecidos, de imediato, ele retornou para a estrada.

Estava fora de forma, mas não levou mais de vinte minutos para chegar à zona residencial da cidade.

Os policias chegaram ao local por volta das dez da manhã, onde encontraram todos os corpos ao lado de diversos bilhetes feitos a mão. Cada um deles dizia que o Halém-circus faria sua última apresentação naquela noite.

Anos depois, Alan foi preso depois de uma invasão a sua casa, onde um homem, que seria taxado como ladrão. Foi reverenciado como herói local ao solucionar o caso policial que mais deixava as pessoas da cidade aflitas.

Expondo a público que Alan filmava as vítimas sem permissão, as assustava e depois as convencia de que usaria as imagens em um filme, todos o conheciam, acreditavam que ele era um bom homem e acabavam cedendo a seu plano. Aproveitando-se de tal oportunidade, ele resolveu convencer outros jovens a participarem.

Aqueles que antes eram vítimas se tornavam colaboradores, seduzidos por uma quantia considerada de dinheiro que havia sido oferecida por Alan caso aceitassem fazer parte de seu teatro.

As gravando durante todo momento, ele decidiu que tinha a oportunidade de ser lembrando para sempre, fazendo não só um filme que seria exibido no cinema local.

Desde aquela noite, os moradores passaram a ouvir uma gargalhada distante na floresta, sempre no horário em que o Halém-circus costumava estar em apresentação.

SACRIFÍCIO

Parte I

Em uma pequena cidade, uma família que era dona de grande parte das fazendas locais, quebrara a tradição de só contratarem mulheres ao contratar Xavier.

Xavier era um homem de poucas palavras, obediente, esforçado e apreensivo, era o funcionário perfeito e nada mais importava para seus empregadores, que impuseram uma condição no mínimo curiosa. Ele teria de dormir no estábulo junto aos cavalos, a recompensa financeira cobria sua dúvida, fazendo-o aceitar.

A primeira semana de serviço foi tranquila a Xavier, que não precisa se preocupar com absolutamente nada, a governanta e os empregados da fazenda forneciam roupas limpas todas as noites, assim como um verdadeiro banquete.

Semanas depois, Xavier acordou no meio da noite com um som alto e estranho vindo do cavalo reprodutor, que por sinal era o único macho do estábulo, Xavier levantou-se de sua cama e viu a figura do cavalo indo em direção ao milharal, não pensou duas vezes ao correr para o lado de fora.

Os ventos fortes o fizeram duvidar se seria uma boa ideia entrar no milharal, ainda mais levando em consideração que não conseguia alcançar o animal, sequer tinha certeza da direção em que ele havia seguido.

— Governanta. — ele berrou enquanto corria em direção ao casarão. — o cavalo fugiu. Ele fugiu! — Xavier subiu a escada com passos rápidos, à porta estava trancada, mas ele passou a bater de maneira repetitiva

— Não se preocupe com isso. — A voz da governanta saiu de trás da porta, que foi aberta com lentidão, apesar da pouca luminosidade, ele pode reparar que ela usava um vestido branco, que deixava a ponta de seus seios expostos.

Se aquela mulher fosse dez ou vinte anos mais jovem, ele poderia jurar que ela estava tentando o seduzir.

—Está bem. — Xavier falou enquanto virava em direção ao milharal, percebendo que ele continuava a se mover da mesma maneira, a governanta sorriu antes de fechar a porta com lentidão, dando liberdade para Xavier retornar ao celeiro, onde ele passou a ouvir o som do milharal.

Perguntava a si mesmo o motivo das folhas fazerem um som tão alto, logo pensou se o cavalo estava correndo na beira do milharal, algo que ele descartou ao sair do estábulo, observou o milharal por poucos segundos antes de retornar ao estábulo e deitar-se em seu colchão.

Pelo resto da noite, Xavier dedicou-se ao tentar retomar o sono, mas os sons que viam do milharal continuavam a instigá-lo, pela manhã, os olhos dele estavam cansados, assim como sua mente, que o plantara diversas peças durante a madrugada.

— Xavier, levante-se! — A governanta falou, despertando-o de um sono breve, que serviria para recarregar sua energia mental — O José vai com você. Achem logo o cavalo, se o patrão chegar e ele não estiver aqui. Vamos ter parte do salário descontado até pagar aquele puro sangue!

José era um rapaz negro, os cabelos estavam consideravelmente grandes, uma barba rala enfeitava seu rosto, revelando sua idade aproximada, Xavier havia conversado com ele poucas vezes desde que chegara à fazenda, mas tinha certeza de que o rapaz era um bom homem.

Os dois eram os únicos homens que haviam sido contratados pelo proprietário, sendo que a governanta havia pedido ao proprietário para acolhê-lo, dizendo que o garoto era seu filho, sendo que o garoto era filho de uma falecida amiga, que implorou que a governanta abrigasse o garoto naquela fazenda, certa de que o garoto teria três alimentações todos os dias. Algo que nem todos daquela pequena cidade tinham o luxo de ter.

— Bom dia provê. — José falou em tom alto, Xavier sentou-se à beira da cama antes de levantar, o barulho dos cavalos já não bastava para desperta-lo — O senhor está bem?

— Bom dia. — Xavier respondeu, em seguida assentiu. Os dois tomaram rumo ao casarão, onde comeram espigas de milho acompanhado de café puro, em seguida adentraram no milharal, buscando pelo cavalo

— Cadê ocê rapaz. — José falou enquanto adentravam no milharal, Xavier o seguia com passos lentos, o observando trilhar um caminho estreito pelo milharal, andaram cerca de cem metros antes de chegar ao cadáver do cavalo.

O pescoço do animal havia sido cortado de um lado a outro, além disso, os olhos haviam sido retirados, as patas do mesmo estavam alinhadas de maneira estranha, o cheiro do local também era estranho, como se outra coisa já estivesse morta ali.

— O que vamos fazer? — Xavier falou em tom baixo, Jose o fitou, lagrimas surgiam em seus olhos, sentindo pena do pobre animal. — Não podemos deixá-lo aqui, é desumano

– “Ocê” está certo, nos tem que tirar ele daqui. – Jose falou em tom tremulo, deixando as primeiras lagrima escaparem de seus olhos. – Mas é pesado por demais. – Xavier moveu a cabeça positivamente.

– Podemos queimar o corpo. – Xavier falou em tom baixo, sabia que era um bom método de se livrar de um corpo, o garoto balançou a cabeça negativamente, mostrando ser contra a ideia – Se deixarmos aqui, não vai demorar nada para que os corvos e urubus venham atrás da carcaça. – O garoto abaixou os olhos. – Isso sem contar os outros animais que virão!

— Ocê tem razão. — o garoto concordou — Mas primeiro, vamos falar pra minha mãe. Temos que saber se ela vai contar pro patrão, já levei muita bronca nessa vida! — Xavier concordou então os dois tomaram rumo ao casarão.

Quando soube do acontecido, A governanta fez questão de ir até o lugar, afirmando que quem havia feito aquilo estava fazendo um sacrifício, as palavras dela causaram arrepios em Jose, assim como Xavier, que se mostrou impressionado com suas palavras.

Concordaram que o melhor seria queimar o cadáver do animal, a fim de impedir que outros animais devorassem o seu corpo, A governanta escolheu omitir a verdade do proprietário, certa de que ele acabaria insistindo em descobrir quem estava fazendo aquilo.

Parte II

Meses depois, o proprietário chegou de surpresa a fazenda, era um domingo quente e seco, todos os nove funcionários foram surpreendidos por sua presença, assim como suas vistorias, que vagou por toda a fazenda em busca de qualquer coisa que julgasse estar errado.

Depois de uma rápida vistoria, ele se deparou com um cavalo a menos no celeiro, como o obvio, ele pediu explicação ao Xavier, que havia tentando o enrolar, dizendo que o animal havia falecido meses atrás fruto de uma doença.

— Esses cavalos são puros-sangues. De seis em seis meses eles fazem exames. Invente outra rapaz. — O proprietário disse em tom hostil, imaginando que seus funcionários estavam lhe pregando uma peça. — Cadê o meu cavalo?

— Ele fugiu numa noite — Xavier falou em meio a um suspiro. — O pescoço dele estava cortado, os olhos haviam sido retirados, nós resolvemos queimá-lo. — O homem assustou-se com aquilo, em seguida balançou a cabeça negativamente.

Desacreditando da história de Xavier, ele caminhou para o casarão, onde reuniu todos os funcionários para tirar a história a limpo, todos lhe deram a mesma versão, fazendo-o sentir repulso, acreditando que algum dos seus vizinhos invejosos o havia matado seu cavalo reprodutor.

— Pois bem. — patrão falou — Vou dar queixa na delegacia, próxima semana eu retorno com o xerife, a gente vai resolver essa situação. — O patrão levantou-se do sofá e bufou, a governanta o acompanhou até sua camionete.

— Não liga não. — A governanta falou enquanto retornava. — Isso já aconteceu algumas vezes. Por isso acho que deveríamos ter comunicado a ele. Se bem que — Ela sorriu. — Dessa vez não vai ter cavalo macho celeiro!

Xavier não entendeu bem as palavras da governanta, pedindo lhe uma explicação, ela o informou que de vez em quando, um cavalo sumia do celeiro todos os meses, a atividade havia diminuído com sua parada.

Naquela mesma noite, Xavier acordou no meio da noite, as éguas rixavam sem parar, ele curvou-se para frente e colocou as mãos em seu rosto, escutando a ventania forte do lado de fora do celeiro, levantou-se e caminhou passos lentos para o celeiro.

Ao chegar à sua porta, ele a abriu de maneira suave, imaginando que o vento a fecharia, mas não aconteceu, invés disso, ele passou a enxergar as funcionárias vestidas de branco e com tochas em suas mãos, apesar do forte vento, as tochas se mantinham acesas

“Que merda é essa?” Xavier pensou, observava as costas daquele povo, fingia não ter notado a presença deles “O que é que estão fazendo?” ele deu mais um passo em direção a saída do celeiro, algo inesperado aconteceu.

Xavier foi arrastado por algo que não conseguia enxergar para dentro do celeiro, enquanto passava pelos funcionários, pode ouvir os múrmuros inquietos daquelas pessoas, só então percebeu que se tratava mesmo de um sacrifício. E daquela vez, não seria um cavalo quem perderia a vida.

José espiava tudo pela janela de seu quarto, sabendo que seria questão de tempo até que chegasse sua vez.

Sobre o Autor

João Pedro Leal de Sousa é escritor, poeta, contista e cronista, com nove livros publicados desde 2019, quando se lançou como autor independente. Nasceu no município de São João dos Patos-MA em 2001, filho de lavradores. Venceu seu primeiro concurso literário aos 14 anos. Foi medalhista por duas vezes consecutivas na Olimpíada Brasileira de Língua Portuguesa. Em 2021, foi condecorado com o título Magno Cruz dos Direitos Humanos do Estado do Maranhão, a mais alta honraria do gênero, sendo reconhecido por seu ativismo na promoção da escrita e da leitura como instrumentos de garantia de direitos. Vem realizando diversas palestras em instituições de ensino pelos estados, concedendo formações sobre gêneros literários e atuando em salas de aulas. Atualmente é universitário de Letras pela Universidade Estadual do Maranhão.

www.ingramcontent.com/pod-product-compliance
Lightning Source LLC
LaVergne TN
LVHW040910150826
845672LV00007B/1973

* 9 7 8 6 5 8 8 2 4 0 1 0 6 *